L'OPPOSÉ
DU
CONTRAIRE

Martial COURCIER

Editions théâtrales ART ET COMEDIE
102, rue Léon-Maurice Nordmann
75013 PARIS

"L'OPPOSÉ DU CONTRAIRE"

a été créé le 20 juin 2000

au Théâtre du Mélo d'Amélie

FULGENCE   Michel MOTU

MARCO, *le peintre*   Martial COURCIER

LE CONCIERGE : *Voix Off*

Mise en scène : Didier CARON

NOTE DE L'AUTEUR

A l'heure où les différences (sociales, raciales, etc.) sont à l'ordre du jour de tous les aréopages publics ou politiques, "L'opposé du Contraire" s'attache à traduire cet étrange sentiment de méfiance que l'on éprouve pour autrui et, en l'occurrence, pour ceux qui évoluent dans un milieu radicalement opposé au nôtre. Peut-on faire naître une amitié entre un philosophe et un peintre en bâtiment ? Pourquoi pas ? Et si ces deux hommes parviennent à trouver un terrain d'entente, ne le pouvons-nous pas tous à l'égard de nos congénères ? A condition toutefois de faire un petit effort de tolérance. Abattre les différences, c'est déboulonner la lourde structure des préjugés. Si un auteur raconte toujours la même histoire - dit-on - je prétends, au travers d'histoires diverses, traiter toujours plus ou moins du même sujet : l'approche de l'autre, de l'inconnu, et cette inévitable procession de sentiments antagonistes qu'il nous faut parvenir à comprendre pour mieux communiquer.

Martial COURCIER

Sur scène : En avant jardin, un fauteuil, un dictaphone et quelques livres. En avant cour, un téléphone sur une pile de livres à même le sol. Au centre et en fond de scène, un tourne-disque au pied d'une cheminée. Près du fauteuil, côté jardin, une étagère avec une lampe et des livres. C'est le salon de Fulgence Caillot.

Fulgence Caillot entre en scène en fond cour en bouclant la ceinture de son pantalon. Il s'arrête et hume l'air. Il prend un aérosol au pied de la cheminée et vaporise la coulisse Cour sans sortir de scène. Il va s'asseoir dans le fauteuil et parle dans son dictaphone.

FULGENCE : 31 mai. 14 h 03. Je sors des toilettes. Ça s'est très bien passé. Je pense qu'il est souhaitable de continuer ce régime "légumes verts".

(Fulgence se met à lire. Le téléphone sonne deux fois puis s'arrête. Il se remet à lire. La sonnerie reprend. Cette fois, il va répondre.)

FULGENCE : Allô, oui ? Non, je n'ai pas besoin de... Je vous dis que j'ai tout ce qu'il faut... Mes respects.

(Il raccroche. Il s'assied et reprend son dictaphone.)

31 mai. 14 h 07. Le téléphone a sonné deux fois. Je n'ai décroché qu'à la deuxième fois. Une femme à la voix désagréable m'a proposé d'acheter une cuisine aménagée. J'ai refusé son offre.

(Il coupe puis rallume l'appareil comme s'il avait oublié un détail.)

... Parce que je n'ai pas besoin de cuisine.

(Fulgence s'installe confortablement dans son fauteuil et se met à réfléchir. Soudain, on entend du bruit. Il se lève et va voir discrètement à la porte.)

Qui est-ce qui fait un bruit pareil ? C'est pas possible. On ne peut jamais être tranquille.

(Il se rassied et reprend son dictaphone.)

14 h 10. J'ai été dérangé par des bruits non-identifiés provenant de l'escalier.

(On sonne à sa porte. Fulgence est pétrifié. Il va tout de même voir avec une extrême vigilance.)

LE CONCIERGE : *(voix off avec un accent antillais)* Ouh ! Mon dieu que vos étages sont loin du sol quand l'ascenseur est en panne ! Ouh ! Vous devriez aérer m'sieur Caillot. Ça sent pas la marjolaine chez vous. Bon, voilà vos provisions et ça c'est votre monnaie.

FULGENCE : Merci.

LE CONCIERGE : *(voix off)* Ah ! Tant que je vous tiens, m'sieur Caillot. Il y a un peintre qui vient chez vous.

FULGENCE : Un peintre ? Chez moi ?

LE CONCIERGE : *(voix off)* Oui, il passe chez tout le monde et aujourd'hui c'est chez vous. Je me doute que vous serez là puisque vous sortez jamais mais je tenais à vous prévenir. Verrez ! Il est très gentil.

FULGENCE : Mais... A quelle heure vient-il ?

LE CONCIERGE : *(voix off)* Incessamment sous peu, monsieur Caillot.

FULGENCE : Et il va rester combien de temps ?

LE CONCIERGE : *(voix off ; de loin)* Je ne sais pas, mais aérez, monsieur, je vous en prie, aérez !

(Il referme la porte terriblement anxieux, un gros sac de provisions à la main.)

FULGENCE : Incessamment sous peu ! Incessamment sous peu ! Ils pourraient être plus précis. Qu'est-ce que je vais faire moi ? Je ne vais tout de même pas sortir. Je n'aurais qu'à faire la sourde oreille. Oui, c'est ça, je n'ouvre pas. Surtout ne pas ouvrir. Il ne va tout de même pas rentrer chez moi ! Avec ses pieds à lui sur mon parquet à moi ! C'est pas possible. Il doit bien y avoir une solution. Et puis qu'est-ce qu'il veut d'abord. Je n'ai rien demandé moi. Un peintre ! Il ne vient tout de même pas pour me brosser un portrait.

(Il pose le sac au pied du fauteuil, se rassied et prend le dictaphone.)

(Au dictaphone) On vient de m'informer à l'instant qu'un peintre outrecuidant s'aviserait de pénétrer mon intérieur personnel. Ce point porte à réflexion. 14 h 19, heure H moins X. Il y a urgence, j'ai peu de temps pour trouver une parade à cette agression caractérisée.

9

(Fulgence se lève et reste un instant à écouter d'éventuels bruits derrière la porte d'entrée.)

FULGENCE : *(au dictaphone)* C'est calme, trop calme. Je n'aime pas ça. Je sens que l'ennemi s'approche en silence.

(Le téléphone sonne. Il décroche.)

Oui, ah, monsieur Leroi. Oui... Il... il monte, là ? Il sera bientôt là alors ? Ah !

(On frappe. Fulgence hésite un peu puis se dirige vers la porte. Il va ouvrir. Le peintre fait son apparition. Il est muni de son matériel : deux tréteaux, un gros pot de peinture et un sac en bandoulière pour ses outils. Il entre en jetant un coup d'œil au salon.)

LE PEINTRE : Monsieur Caillot, appartement 195 ? C'est pour la peinture des volets.

FULGENCE : Ah ! Vous allez peindre mes volets ?

LE PEINTRE : Ben oui. Vous croyiez quoi ? Que j'allais vous tirer le portrait ?

FULGENCE : Oui.

LE PEINTRE : On a de l'humour. On va se comprendre.

(Le peintre va s'installer en avant Cour.)

FULGENCE : Ça consiste en quoi ?

LE PEINTRE : La peinture ? C'est pas compliqué. Vous avez jamais vu ça ?

FULGENCE : Non.

LE PEINTRE : Oh ben vous pouvez regarder, ça me dérange

pas. *(Il commence à disposer son matériel.)* Dites donc, ça sent fort ici. Vous faites un élevage de bouc ?

FULGENCE : Euh... non.

LE PEINTRE : Alors vous faites votre fromage vous-même.

FULGENCE : Euh... non plus.

LE PEINTRE : C'est de l'humour. Bon, ben y'a du boulot ici aussi.

(Le peintre sort en coulisse et revient avec un volet qu'il installe sur les tréteaux.)

FULGENCE : Ça prendra longtemps ?

LE PEINTRE : Le temps c'est de l'argent. Comme moi, je suis payé à l'heure, ce que je pourrais faire en quatre heures, je le ferai en dix heures.

FULGENCE : Dix heures ? Vous allez rester dix heures chez moi ?

LE PEINTRE : Ah non, vous angoissez pas. A 18 h 30, ma journée est terminée. Je reviendrai demain.

FULGENCE : Vous allez revenir demain ?

LE PEINTRE : Et oui. Dites, je peux vous emprunter vos toilettes ? Et après je mets une couche. Quand je dis une couche, c'est une couche de peinture, hein. C'est pas une Pampers.

(Le peintre disparaît. Fulgence se précipite sur son dictaphone.)

FULGENCE : 14 h 31. L'ennemi semble décidé à occuper la place. Il est au siège... *(Se reprenant.)* enfin je veux dire, il installe un siège. C'est un individu épouvantablement envahissant. Je dois me méfier. Il peut être dangereux pour mon travail.

(Le peintre revient. Fulgence coupe son dictaphone et le repose discrètement.)

LE PEINTRE : Tout va bien monsieur Caillot ? Je vais essayer de faire vite, vous en faites pas.

FULGENCE : Merci.

LE PEINTRE : Dites-moi, je pensais à un truc. Vous êtes à l'appartement 195 ?

FULGENCE : Oui.

LE PEINTRE : Ça vous gêne pas ?

FULGENCE : Non.

LE PEINTRE : Pourtant vous devriez être au 200.

FULGENCE : Ah bon ?

LE PEINTRE : Ben ! Monsieur Caillot de sang ! C'est de l'humour.

(Pendant que le peintre se met au travail, Fulgence prend discrètement son dictaphone et parle en aparté.)

FULGENCE : L'ennemi fait de l'humour.

LE PEINTRE : Vous savez, si on rigolait pas, les journées seraient interminables. Vous êtes pas d'accord ?

FULGENCE : Non, je ne vois pas bien la nécessité de l'humour.

LE PEINTRE : La nécessité ? C'est pas compliqué, c'est de rigoler, de se fendre la pêche, quoi !

12

FULGENCE : *(pour lui-même)* Le rire n'est-il pas une crise de folie passagère ?

LE PEINTRE : Oh non ! Bien sûr que non, m'sieur Caillot. Vous en avez des idées vous ! Allons, c'est pas parce qu'on rit qu'on est dingue. Ceci dit, j'ai un cousin qu'a fondu les plombs, et quand je dis fondu, c'est fondu. Il riait tout le temps. Mais d'un rire hystérique vous voyez ? Et ben à l'hôpital, ils ont été obligés de l'enchaîner.

FULGENCE : De l'enchaîner ?

LE PEINTRE : Oui. Maintenant, il va mieux, il fait du cinéma.

FULGENCE : Du cinéma ?

LE PEINTRE : Ouais. Il fait le fondu enchaîné. Je vais mettre une première couche, moi.

FULGENCE : Vous allez en mettre plusieurs ?

LE PEINTRE : Deux. Toujours deux. C'est plus propre. Pis c'est plus confortable. Ça évite les coulures.

FULGENCE : Les coulures ?

LE PEINTRE : Vous inquiétez pas, avec moi, y'en aura pas. Au fait, vue l'ambiance générale, je suppose que vous n'êtes pas allergique aux odeurs.

FULGENCE : Quelles odeurs ?

LE PEINTRE : Ben... de peinture. C'est de la peinture que je vais mettre, hein. C'est pas du guano. Vous savez pas ce que c'est que le guano ?

FULGENCE : Du caca d'oiseau.

*(Le peintre commence à peindre. Fulgence prend discrète-
ment son dictaphone.)*

FULGENCE : *(Au dictaphone)* 14 h 38. Il a commencé son travail. Je suis dans l'incapacité d'agir à ma guise. Tout va trop vite, je ne peux pas tout noter. Pour l'instant j'ai adopté la tactique du camouflage. Je me suis déguisé en imbécile... je ne tiendrai pas longtemps.

LE PEINTRE : Et vous faites quoi dans la vie ?

FULGENCE : *(toujours au dictaphone)* Ça y est. Il lance une offensive.

LE PEINTRE : Hein ? Vous faites quoi ?

FULGENCE : Philosophe.

LE PEINTRE : Ah ouais ? Et là, vous travaillez ?

FULGENCE : Tout à fait.

LE PEINTRE : Et c'est bien payé ça ?

FULGENCE : Ça ne vous regarde pas.

LE PEINTRE : Ça veut dire que c'est bien payé. En général, les trucs intello, ça plafonne pas au SMIC. Ah y'en a qu'ont la bonne place. Et vous philosophez quoi en ce moment ?

FULGENCE : Si je vous le dis, ça ne vous apprendra rien.

LE PEINTRE : Dites toujours.

FULGENCE : Disons, pour faire simple, que je cherche la différence entre la conscience et la pensée.

LE PEINTRE : Y'en a pas.

FULGENCE : Qu'est-ce que vous en savez ?

LE PEINTRE : Ben ! Sans pensée, pas de conscience et sans conscience, pas de pensée. Pof ! J'ai bien fait de venir, je vous fais gagner du temps.

(Fulgence s'assied.)

FULGENCE : Occupez-vous de vos volets et laissez-moi travailler.

LE PEINTRE : Vous arrivez pas à faire deux choses en même temps ? C'est ça les intellectuels. Sous prétexte qu'ils savent pas planter un clou, ils s'imaginent qu'on peut pas travailler et réfléchir. Moi je pense tout le temps pendant que je bosse. Tenez par exemple, hier encore, j'ai réfléchi toute la journée au sujet de la religion. Je me disais que si il y a un dieu, on peut l'appeler par différents noms, ce sera toujours le même dieu. Par exemple : Nous, on appelle le soleil "Soleil", et les Anglais, ils disent "Soon".

FULGENCE : Sun.

LE PEINTRE : Ouais ben, Sun ou Soon, ce sera toujours la même chose.

FULGENCE : C'est pertinent.

LE PEINTRE : Ça veut dire quoi ?

FULGENCE : C'est perspicace.

LE PEINTRE : Mais encore ?

FULGENCE : *(cherchant ses mots)* C'est pas con.

LE PEINTRE : Non, c'est pas con. Pourquoi ? J'ai l'air con ?

15

FULGENCE : Pas du tout.

LE PEINTRE : Ah bon, vous me rassurez. Alors, qu'est-ce que vous en pensez de mon idée ?

FULGENCE : Bien.

LE PEINTRE : Vous voyez, je peux penser en travaillant.

FULGENCE : Et vous pourriez penser en silence ?

LE PEINTRE : Oh mais je veux pas vous déranger, monsieur Caillot. Je vous cause, c'est juste pour détendre l'atmosphère. Vous avez l'air coincé qu'ça ferait pleurer un anglais.

(Le peintre se tait et continue de travailler. Fulgence se lève et prend son dictaphone.)

FULGENCE : *(au dictaphone)* Le peintre perturbe énormément le fil de mes idées. Je dois résister malgré tout.

LE PEINTRE : Vous me parlez ?

FULGENCE : Non. Je parle tout seul.

LE PEINTRE : Ah oui. Vous vous parlez à vous-même pour avoir les idées claires. Je le fais moi aussi des fois mais j'ose pas quand y'a du monde. J'ai peur qu'on me prenne pour un zinzin. Pas vous ? *(Fulgence ne répond pas. Il fulmine.)* Non, pas vous.

FULGENCE : *(au dictaphone)* Il se mêle de mes affaires. Il s'est permis d'émettre un point de vue arbitraire sur le concept de la pensée. C'est affligeant.

LE PEINTRE : Bon, je vais faire un petit joint.

FULGENCE : Y'a une fuite ?

LE PEINTRE : Non, un joint. De la drogue quoi !

FULGENCE : Vous vous droguez ?

LE PEINTRE : Mais non, oh la la... Je dis ça parce que je roule mes cigarettes, c'est de l'humour.

FULGENCE : Une métaphore.

LE PEINTRE : C'est ça ! Et ben dites donc, y'a pas à dire, la philosophie, ça aide à comprendre plus vite. Vous en voulez ?

FULGENCE : Je ne fume pas.

LE PEINTRE : Vous fumez déjà du bocal, ça vous suffit.

FULGENCE : Je ne vous permets pas...

LE PEINTRE : Excusez-moi, j'ai la plaisanterie facile des fois...

FULGENCE : Je n'apprécie pas ce genre de plaisanterie. Je ne suis pas votre collègue, je suis le professeur Caillot et j'aimerais pouvoir continuer mon travail dans un silence respectable.

LE PEINTRE : Ah ! La pensée et la conscience ! La réponse que je vous ai donnée ne vous a pas convaincu ?

FULGENCE : Ecoutez ! Je médite sur ce sujet depuis près de cinq ans et vous croyez pouvoir m'apporter une réponse miraculeuse, là, sans réfléchir, en barbouillant vos volets et en fumant votre reliquat de cigarette mâchouillée ?

LE PEINTRE : Moi je dis ça pour vous aider, monsieur Caillot. Maintenant...

FULGENCE : Est-ce que je vous donne des conseils pour peindre ?

LE PEINTRE : Vous pouvez.

FULGENCE : J'en suis incapable, mon pauvre.

LE PEINTRE : C'est bien ça le problème. Alors que moi, réfléchir, je sais faire.

FULGENCE : Faites votre travail et laissez-moi tranquille. D'accord ? Faites comme si je n'étais pas là.

(Le téléphone sonne.)

LE PEINTRE : Ah ! Téléphone.

FULGENCE : Mmh ? Ce n'est pas pour moi.

LE PEINTRE : Le téléphone sonne chez vous.

FULGENCE : Je vous dis que ce n'est pour moi... Ça doit être une erreur.

LE PEINTRE : Comment vous le savez ?

FULGENCE : Parce que personne n'est censé m'appeler.

LE PEINTRE : Vous n'avez pas d'amis ?

FULGENCE : Non.

LE PEINTRE : Vous n'allez pas me dire que vous êtes seul au monde ?

FULGENCE : Six milliards d'êtres humains sur terre, vous appelez ça seul au monde vous ? *(Le téléphone s'arrête de sonner.)* Ah, qu'est-ce que je disais.

LE PEINTRE : Six milliards peut-être mais vous ne les connaissez pas tous.

FULGENCE : Je n'y tiens pas non plus.

LE PEINTRE : Mais... on ne peut pas vivre sans connaître personne !

FULGENCE : J'ai l'air mort ?

LE PEINTRE : Ça se discute. Vous avez peur de quoi ?

FULGENCE : Je n'ai pas peur... de rien.

LE PEINTRE : C'est bien ce que je pensais. Vous avez pas peur de rien, ça veut dire que vous avez peur de tout, quoi ! C'est bizarre, moi j'ai plein d'amis, de copains et je dirais que c'est plutôt rassurant. Si j'en avais pas, c'est là que j'aurais peur. Moi je sais pas, mais d'aller faire un bowling avec Charly, Tonton et Maurice, ça me provoque pas vraiment des bouffées d'angoisse.

FULGENCE : C'est parce que vous ne les connaissez pas.

LE PEINTRE : Vingt ans d'amitié, on fait guère mieux.

FULGENCE : Vous ne les connaissez qu'en surface.

LE PEINTRE : C'est sûr mais je tiens pas à foutre mon nez à l'intérieur non plus. Vu ce qu'il bouffe le Maurice, ça doit sentir le fenec. *(Il rit.)*

FULGENCE : Je veux dire... vous croyez les connaître mais vous ne savez pas qui ils sont en réalité.

LE PEINTRE : Ouais, vous voulez dire comme le fait divers là, en Alsace je crois. Cette pauvre femme qu'a appris au bout de dix ans de mariage que son mari portait un faux nom et qu'il était dans les services secrets ? Mais alors là, je vous arrête tout de suite. Si Charly est dans les services, c'est seulement ceux de la SNCF et il n'y a rien de secret là-dedans. Quant à Maurice, le seul secret qu'il croit encore avoir, c'est d'être cocu. Sauf que tout le monde sait qu'il y a que le train qu'est pas passé sur sa femme, et encore, c'est parce qu'elle est sur une voie de garage... Mais ceci dit, je vous comprends, c'est pas toujours facile de se faire des amis mais comme vous dites, sur six milliards, dans le tas, y'a bien quelqu'un avec qui vous pourriez vous entendre.

FULGENCE : Non.

LE PEINTRE : Vous pouvez pas savoir.

FULGENCE : Si.

LE PEINTRE : Non, vous pouvez pas. Si vous vouliez seulement serrer la main de tout le monde sur terre en comptant une seconde pour chaque poignée de main, il vous faudrait déjà une heure pour serrer 3600 poignées de main, 24 heures pour serrer 86400 poignées de main, un an pour serrer 30 millions de poignées de main, ce qui veut dire qu'il vous faudrait au bas mot 200 ans pour serrer la main des six milliards de gugus qu'il y a sur terre. Et ça c'est en imaginant qu'ils font la queue pour vous dire bonjour parce que si vous êtes obligé de leur courir après au fin fond du Turkestan ou de la Mongolie, c'est plus 200 ans qu'il vous faudrait, c'est 10 millions d'années. Sans compter que pendant les 200 ans, y'en a qui meurent et d'autres qui naissent, et faut tout recommencer à zéro. Donc c'est pas possible ! Vous pouvez pas connaître tout le monde.

FULGENCE : Vous êtes le roi de la métaphore.

LE PEINTRE : Ouais, je suis mégafort en métaphore.

FULGENCE : Vous avez déjà mangé une pomme ?

LE PEINTRE : Oui.

FULGENCE : Quand vous voyez une pomme, est-ce que vous imaginez qu'elle puisse avoir un autre goût que celui de la pomme ?

LE PEINTRE : Ben, une pomme, c'est une pomme, hein !

FULGENCE : Et les êtres humains, c'est pareil. Vous en connaissez un, vous les connaissez tous.

LE PEINTRE : Alors là, sauf votre respect, c'est peut-être vous le philosophe monsieur Caillot mais je crois que là y'a gourance. Tenez, Charly, pour n'en citer qu'un. Il multiplie les strikes au bowling. Et Maurice, c'est limite s'il envoie pas sa boule sur la piste d'à côté.

FULGENCE : Mais ce n'est pas...

LE PEINTRE : Non, non, laissez-moi finir ! Charly est un célibataire endurci et Maurice est un cocu de la première heure. C'est peut-être des détails concrets mais ça prouve bien qu'il y a des différences nettes entre les hommes.

FULGENCE : Ecoutez, je ne veux plus parler avec vous. Ça ne servira à rien. J'ai besoin de réfléchir sereinement et en silence si possible. Je vous remercie.

(Fulgence s'assied et se plonge dans sa lecture.)

LE PEINTRE : Je comprends. C'est votre amour-propre qui vous chagrine. C'est humain. Si vous me preniez le pinceau des mains pour faire un meilleur boulot que le mien comme ça d'un coup sans crier gare, c'est clair que je friserais la vexation. Mais bon, tout ce que je dis, c'est juste des idées qui me viennent. Rien ne prouve que j'ai raison. C'est peut-être vrai votre histoire de pomme... Ceci dit, même si ça a toujours le même goût, c'est bon une bonne pomme. Pis si vous en avez marre, vous pouvez toujours les faire en compote, en tarte, en gâteau. Franchement, je crois pas qu'il y ait un seul homme pour ressembler à un autre.

FULGENCE : *(se lève brusquement)* Les hommes sont guidés par leur instinct de survie qui les pousse irrémédiablement à se soumettre aux pulsions les plus viles. Des siècles d'évolution, des siècles de civilisation n'ont pas réussi à faire taire leur désir de pouvoir et de suprématie guerrière. Qu'ils se déguisent de quelque manière que ce soit, les hommes restent des barbares assoiffés de domination. Cupidité, égoïsme, cruauté, voilà ce qui ressort de l'humanité. Ils sont tous du même acabit et je n'ai vraiment aucune raison de les fréquenter. Cela répond-il définitivement à vos questions et verrons-nous émerger ce moment de paix et de silence que je revendique depuis que vous êtes entré au cœur même de mon intimité ?

LE PEINTRE : Pas de problème monsieur Caillot. On peut parler d'autre chose si vous voulez.

FULGENCE : Je ne veux pas parler. Je veux réfléchir en silence !

LE PEINTRE : Ça sert à quoi de réfléchir si c'est pour garder ses bonnes idées pour soi tout seul ? Faut en faire profiter les autres non ?

FULGENCE : Quand j'en aurais terminé, je vous dédicacerai un de mes livres c'est promis. Pour l'instant, laissez-moi tranquille, cher peintre.

LE PEINTRE : Cagliari.

FULGENCE : Pardon ?

LE PEINTRE : Monsieur Cagliari. Marco Cagliari in italiano.

FULGENCE : Et bien monsieur Cagliari, pouvons-nous nous remettre au travail ? A moins que vous ne dissimuliez un secret d'alchimiste, je ne pense pas que les volets puissent se repeindre tout seuls, n'est-ce pas ?

(Le peintre retourne à son travail et Fulgence en avant Jardin.)

(Au dictaphone) L'individu est plus intelligent qu'il n'en a l'air. Je l'ai réduit au silence mais je dois rester prudent.

(Il repose son dictaphone et lit. Soudain, le peintre se met à chanter.)

LE PEINTRE : Lachaté mi cantare !
                 Con la guitar à mano !
                 Lachaté mi cantaré...

FULGENCE : Monsieur Cagliari ?

LE PEINTRE : Oui ?

FULGENCE : Vous chantez toujours en travaillant ?

LE PEINTRE : Toujours.

(Le peintre continue de chanter.)

FULGENCE : Vous ne voulez pas vous arrêter un peu ?

LE PEINTRE : Oh ça va aller je viens de commencer, je vais pas déjà faire une pause. Ceci dit, je boirais bien un petit quelque chose. Vous avez quoi à boire ?

FULGENCE : De l'eau.

LE PEINTRE : C'est un bon début, et quoi d'autre ? Bière ?

FULGENCE : Non.

LE PEINTRE : Café ?

FULGENCE : ... Possible.

LE PEINTRE : Bon, ben va pour un café.

FULGENCE : Vous voulez un café ?

LE PEINTRE : Oui, merci.

FULGENCE : Je vais le préparer.

LE PEINTRE : Oui, il va pas se faire tout seul.

FULGENCE : Il faut que j'aille dans la cuisine.

LE PEINTRE : Oui en général c'est là que ça se passe.

FULGENCE : Vous ne voulez pas venir avec moi ?

LE PEINTRE : Pourquoi vous ne savez pas faire un café ?

FULGENCE : Si, si. Vous ne toucherez à rien pendant mon absence ?

LE PEINTRE : Ça sera dur mais je devrais pouvoir me retenir.

FULGENCE : Je vous laisse seul.

LE PEINTRE : J'en suis tout effrayé, voyez pas ?

FULGENCE : J'y vais alors.

LE PEINTRE : C'est ça.

(Fulgence sort. Le peintre travaille en ruminant.)

Vous toucherez à rien ! Vous toucherez à rien. Qu'est-ce qu'il croit, que je vais lui piquer quelque chose, peut-être ? Faut pas toucher aux affaires de Monsieur le Professeur, hein ! De toute façon, y'a pas grand chose à toucher chez lui. A part son télé-

24

phone et son bidule là. *(Il va au dictaphone.)* Il s'enregistre tout seul. Ah il est frais le philosophe. Ah faut pas toucher ! Tu vas voir si faut pas toucher. *(Dans l'appareil.)* "C'est pas poli de soupçonner les autres. Les préjugés, c'est vilain." Et toc ! *(Il repose l'appareil et retourne au volet.)* J'espère quand même que je lui ai pas bousillé son boulot. J'ai peut-être fait une connerie, moi.

(Fulgence revient avec un bol de café qu'il tend au peintre.)

FULGENCE : Tenez. Attention, il est chaud.

(Fulgence va à Jardin.)

LE PEINTRE : Monsieur Caillot ? Merci pour le café... Monsieur Caillot ? Je vous ai pas demandé... vous n'êtes pas marié ?

FULGENCE : Vous supposez bien.

LE PEINTRE : Vous n'aimez pas les femmes ?

FULGENCE : Entre autre. Je n'aime pas les mariages.

LE PEINTRE : Moi non plus, je préfère les enterrements. Aux enterrements au moins on le voit le mettre dans le trou alors qu'aux mariages on le voit jamais...

(Fulgence ne réagit pas.)

C'est de l'humour.

FULGENCE : C'est brillant.

LE PEINTRE : Dites-moi, vous faites quoi avec cet appareil ?

FULGENCE : Lequel ?

LE PEINTRE : Celui que vous avez à la main.

FULGENCE : Rien.

LE PEINTRE : C'est pour enregistrer ? C'est important pour vous ?

FULGENCE : Important ? Capital vous voulez dire. Cet appareil contient tout mon travail.

LE PEINTRE : Ah oui ? Faut pas le perdre quoi.

FULGENCE : Ça ne risque pas.

LE PEINTRE : C'est pas un jouet.

FULGENCE : Non, ce n'est pas un jouet.

LE PEINTRE : Et, vous enregistrez quoi avec ça ? Notre conversation ?

FULGENCE : Ça n'aurait aucun intérêt.

LE PEINTRE : Je vous remercie, c'est agréable. C'est votre outil de travail ?

FULGENCE : Voilà.

LE PEINTRE : Pour prendre des notes ?

FULGENCE : Voilà.

LE PEINTRE : Je vous dérange, hein ?

FULGENCE : Voilà.

LE PEINTRE : Vous n'êtes pas habitué à avoir un invité.

FULGENCE : Vous n'êtes pas mon invité.

LE PEINTRE : Non mais bon, je perturbe votre solitude.

FULGENCE : On peut dire ça comme ça.

LE PEINTRE : Et vous m'en voulez.

FULGENCE : Vous n'êtes pas responsable.

LE PEINTRE : Non, justement.

FULGENCE : Justement quoi ?

LE PEINTRE : Je vois pas pourquoi vous me faites la tête.

FULGENCE : Je ne vous fais pas la tête.

LE PEINTRE : Regardez-vous, elle est toute rentrée dans vos épaules.

FULGENCE : Je ne vous fais pas la tête. Je vous répète pour la quantième fois que je suis sur mon lieu de travail et que je ne peux pas réfléchir et discuter en même temps de banalités.

LE PEINTRE : De banalités ? On a parlé de Dieu, de l'humanité, de l'amitié... c'est pas des banalités ça. Vous m'en faites une belle banalité vous ! Bon d'accord, j'ai abordé le sujet de la femme à Maurice. J'ai un peu glissé dans la vulgarité je l'admets, mais bon, on peut pas philosopher à cent pour cent.

FULGENCE : Moi si.

LE PEINTRE : Oui mais bon, on a tous une part de banalité.

FULGENCE : Moi non.

LE PEINTRE : C'est à peine si vous saviez qu'un pinceau pouvait servir à peindre vos volets mais à part ça vous êtes étranger à la banalité.

FULGENCE : C'est plutôt original. Je suis sûr que nous ne sommes pas très nombreux à ignorer ce genre de détail pragmatique.

LE PEINTRE : Attendez, attendez, ne m'embrouillez pas. C'est pas de pas connaître l'utilisation d'un pinceau qu'est banal. C'est de pas connaître tout court. Vous pensez quand même pas être le seul ignare de la planète.

FULGENCE : Moi, un ignare ? Avec toute l'érudition que je me suis bâtie sur des années de labeur et d'études approfondies, vous osez me traiter d'ignare !

LE PEINTRE : N'empêche que vous y connaissez rien en peinture. On a tous des domaines où on est pas fortiche. Moi par exemple, demandez-moi les règles du cricket où les techniques de fabrication d'un mirage 2000 : Nada ! J'y pige rien. Et tiens, vous savez ce que c'est un lamproie ?

FULGENCE : C'est un poisson vertébré de forme cylindrique, allongée, que l'on trouve dans les grands fonds marins. On dit "une" lamproie.

LE PEINTRE : Ouais... Et ben moi, il y a encore une semaine, j'en savais rien. Et grâce à une vidéo du commandant Cousteau, maintenant je le sais. Comme quoi, l'érudition, c'est qu'une question de temps.

FULGENCE : Faudrait peut-être pas trop tarder alors.

LE PEINTRE : Oh, vous pouvez vous moquer mais ce que vous savez, je le saurai un jour et comme disait mon père, "*Quello ché non sapévi, non lo sapévi, ma ora ché lo seï, non puoi più dire ché non lo sapévi*", ce qui veut dire : ce que tu savais pas, tu le savais pas...

FULGENCE : Mais maintenant que tu le sais, tu peux plus dire que tu savais pas. Et tout ça pour dire quoi ?

LE PEINTRE : Ben... Voilà que je sais plus. Vous avez réussi à m'embrouiller. Ah vous êtes forts vous autres, hein ? Vous m'avez fait perdre mon fil. Qu'est-ce que je disais... Ah oui ! Et tout ce qu'on vient de dire, là, c'est des banalités ?

FULGENCE : Non. Pas pour vous, je suppose.

LE PEINTRE : D'accord... Alors allez-y, je vous prends au mot. Parlez-moi de quelque chose qui pour vous n'est pas banal.

FULGENCE : Quelque chose qui pour moi n'est pas banal ? Tenez ! La question par exemple de l'information et de sa vitesse de transmission. Destut de Tracy et Condorcet, vous ne l'ignorez pas, avaient déjà perçu l'intuition comme une accélération phénoménale des processus analytiques de la pensée. Si la conscience est un récepteur et la pensée une onde, alors la conscience pourrait enregistrer certaines fréquences et en ignorer d'autres. Autrement dit, il existerait certaines fréquences de pensée auxquelles la conscience humaine n'aurait pas accès.
Puis-je vous poser une question ?

LE PEINTRE : Euh... oui.

FULGENCE : Savez-vous que la matière peut apparaître sous la forme de particules ou d'ondes, que l'une comme l'autre forme est possible mais que l'on ne peut jamais prévoir scientifiquement quelle forme prendra la matière à un instant donné ?

LE PEINTRE : C'est ça la question ? Vous pouvez répéter parce que j'étais dans ma peinture, j'ai du mal à suivre.

FULGENCE : Bien sûr, bien sûr. Vous savez ce qu'est une onde ?

LE PEINTRE : Oui. Quand on jette un caillou dans l'eau, ça fait des ondes.

FULGENCE : Et une particule ? Comme les atomes, les électrons, les quarks, les tachyons, les neutrinos...

LE PEINTRE : Oui, oui, je les connais pas personnellement mais...

FULGENCE : Les scientifiques ont observé la matière microscopique, à l'aide d'un matériel spécifique, et ils se sont aperçu que la matière est formée de particules ou d'une succession d'ondes d'énergie sans en connaître les règles d'apparition.

LE PEINTRE : Comme moi pour le cricket.

FULGENCE : Le saviez-vous ?

LE PEINTRE : Non.

FULGENCE : Maintenant vous le savez.

LE PEINTRE : Ah !... C'est pour illustrer ce que je disais tout à l'heure au sujet des lamproies !

FULGENCE : Pas exactement. Quel effet cela vous fait-il d'avoir enregistré cette information ?

LE PEINTRE : Je me sens moins con.

FULGENCE : Peut-être mais... je veux dire physiquement, physiologiquement. Avez-vous des maux de tête, l'apparition subite d'une migraine ? La fièvre peut-être ?

LE PEINTRE : Non, je suis un peu en sueur parce que je travaille mais sinon, ça va.

30

FULGENCE : Bien, autre chose. Qu'est-ce qui, pour vous, représente un effort intellectuel pouvant causer des maux de tête ?

LE PEINTRE : Je sais pas... Des fois, les mots croisés force sept...

FULGENCE : Magnifique.

(Fulgence prend son dictaphone.)

(Au dictaphone.) Extraordinaire ! Monsieur Cagliari qui éprouve un intense effort intellectuel en jouant aux mots croisés, reçoit une information relative aux dernières découvertes scientifiques sans en éprouver la moindre difficulté.

LE PEINTRE : Si je peux me permettre...

FULGENCE : Oui ?

LE PEINTRE : C'est que j'ai pas eu à chercher. Si j'avais dû trouver ça tout seul, je serais pas sorti de l'auberge.

FULGENCE : Exactement. *(Au dictaphone.)* La réceptivité passive d'un esprit simple face à une pensée insondable.

LE PEINTRE : Je vous suis pas, là ?!

FULGENCE : Et bien moi, quand j'ai pris connaissance de cette observation scientifique, cela m'a donné à réfléchir. Vous, non !

LE PEINTRE : Ah, vous me prenez carrément pour un abruti ? Moi aussi je peux vous dire un truc qui vous fera pas réfléchir.

FULGENCE : Cela m'étonnerait beaucoup. Vous voulez me transmettre une information qui n'aura aucun impact sur mon activité mentale ?

LE PEINTRE : Oui.

FULGENCE : Je suis curieux. Je vous écoute.

LE PEINTRE : L'O.M a battu Auxerre deux-zéro ! Alors ? Des maux de tête ? Une petite fièvre peut-être ? Non, parce que votre histoire de particules, c'est bien gentil mais hors contexte, ça veut rien dire du tout. Si je vous dis : On met de la glycéro ou de l'acrylique ? Vous allez me dire "Je sais pas". Point barre. Alors que moi je vais gamberger en fonction de la nature du support et de l'endroit où je me trouve. Je vais regarder si les murs sont humides, si le support sera soumis aux intempéries, etc, etc...

FULGENCE : Ce sont des réflexions qui ne mènent pas loin.

LE PEINTRE : Ça mène peut-être pas loin mais si on vous attendait vous et vos particules pour repeindre les volets, on y serait encore au jour du jugement dernier.

FULGENCE : Excusez-moi mais on sort du sujet. J'ai eu tort de vous perturber dans votre travail.

LE PEINTRE : Ouais c'est ça. Ça gamberge, ça gamberge, ça cause tout seul avec des gens qu'existent que dans la tête mais quand il s'agit d'avoir un vrai dialogue avec une personne bien réelle, bien vivante, alors là, silence radio. Tout le monde aux abris. Elle est belle la philosophie. Moi j'appelle ça de la branlette.

FULGENCE : Monsieur Cagliari. Je dois vous dire une chose importante concernant mon travail.

LE PEINTRE : Oh ben appelez-moi Marco.

FULGENCE : J'ai mis au point un système infaillible

d'investigation intellectuelle qui comporte certaines nécessités telles qu'un mode de vie parfaitement érémitique.

MARCO : Hermétique, vous voulez dire ?

FULGENCE : Solitaire, si vous préférez. Ma recherche repose sur une étude approfondie du fonctionnement de la pensée. Pour cela, mon esprit qui est mon instrument d'observation se doit de ne pas laisser ses pensées interférer avec d'autres pensées. Autrement dit, je ne dois pas être parasité par l'opinion ou les idées d'autrui. Cela fait cinq ans que ça dure et je vous saurais gré de ne pas réduire à néant le fruit de tant d'efforts car, même s'il est vrai que j'ai pris goût à une vie retirée du monde, il n'empêche que l'isolement est le facteur principal qui garantit la fiabilité du résultat de mes travaux. Est-ce clair ?

MARCO : Faut pas vous casser les couilles.

FULGENCE : Voilà.

MARCO : Allez, vous en faites pas. Demain au plus tard, je plie bagage et vous retrouverez votre bien-aimée solitude sans laquelle vous ne seriez pas ce que vous êtes.

FULGENCE : Que voulez-vous dire ?

MARCO : Ben... Que vous feriez quand même mieux de voir du monde de temps en temps.

FULGENCE : Je ne veux pas être parasité par la stupidité ambiante.

MARCO : Un point pour vous. C'est vrai que les cons, ça se reproduit comme des petits pains. Mais bon, faut vivre avec. Et pis, des fois, on croise des gens plus intéressants que d'autres. On se lie d'amitié et il y a des sentiments qui naissent. C'est important les sentiments, non ?

FULGENCE : C'est le calvaire de l'humanité.

MARCO : Oh dites, quand vous êtes dans les bras d'une femme que vous aimez et que vous faites l'amour avec tendresse, vous allez pas me dire que c'est un calvaire.

FULGENCE : Je ne sais pas. M'souviens pas.

MARCO : Ah ! Tu m'en diras tant. C'est ça qui va pas. Faut faire cracher le joufflu de temps en temps sinon ça monte à la tête.

FULGENCE : Je vous en prie, ne soyez pas vulgaire.

MARCO : Vulgaire ou pas, vous parliez d'état physique tout à l'heure et ben vous en avez un beau là. Vous vivez seul depuis des années. Vous étonnez pas de tourner en rond.

FULGENCE : Je ne tourne pas en rond. Je pense !

MARCO : Oui, si on veut. Mais ça vous mène à quoi ? Même si vous arrivez à savoir si la pensée et la conscience, c'est pareil ou pas au niveau des particules machin chose et tatati et tatata, qu'est-ce que ça vous apportera ?

FULGENCE : Une immense satisfaction.

MARCO : Et après ? Non parce qu'attendez. Hier soir, j'ai fait un bowling avec les copains et j'ai gagné avec six strikes. C'était la première fois que je gagnais contre Charly, en vingt ans de bowling. Vous imaginez ? Vous imaginez la joie immense que j'ai eue. Mais bon, demain est un autre jour avec d'autres satisfactions. Vous ça fait cinq ans que vous trimez pour une seule et pauvre petite satisfaction. Et quand vous l'aurez, si vous l'avez, il vous faudra encore combien de temps avant d'en avoir une autre ? Je veux pas dire mais question plaisir, vous avez pas vraiment un rendement à flux tendu.

FULGENCE : Je ne vis pas pour le plaisir.

MARCO : Ah non ? Alors pourquoi vous vous creusez la tête pour trouver des réponses aux questions que vous vous posez si c'est pas pour le plaisir ?

FULGENCE : Pour gagner ma vie.

MARCO : Ah, c'est pour ça ? Ah, c'est alimentaire. Ah, pardon ! Elle est loin la philosophie. Là on retombe sur le concret. Le terre à terre.

FULGENCE : Ce n'est pas seulement pour gagner ma vie, c'est évident.

MARCO : Alors c'est pour quoi ?

FULGENCE : Je pense parce que je ne suis pas une plante qui se contente de pousser dans son environnement. Je ne suis pas non plus un animal qui n'a d'autre objectif que la satisfaction des pulsions que peuvent lui susciter ses sens. J'ai un esprit que diable ! Et tant qu'il fonctionnera, je le ferai fonctionner, moi.

MARCO : En fait, les intellectuels, c'est comme les obsédés sexuels, sauf que vous c'est la cervelle qui vous démange.

FULGENCE : Vous ne pouvez pas comprendre.

MARCO : Non, bien sûr, le bon refuge de l'intelligence. C'est un peu votre coquille, quoi ! Elle vous rassure et vous protège. Faut juste faire gaffe à pas en sortir.

FULGENCE : Et même si tel était le cas, en quoi cela vous concerne-t-il ?

MARCO : En rien à priori, sauf que je crois franchement que vous passez à côté de certaines satisfactions qui pourraient vous convenir, éventuellement, dirons-nous. A condition de s'en donner la peine.

FULGENCE : Et vous me conseillez ?... De jouer au bowling avec vous et votre ami Charly ?

MARCO : Non, je suis pas sûr que ça vous plaise. Par contre, je sais pas moi, vous pourriez sortir, aller au musée. Voir des peintures.

FULGENCE : *(cynique)* Picasso, c'est autre chose que les volets. *(Pour lui-même.)* Je ne sais plus où j'en suis.

(Il remet son dictaphone un peu en arrière et écoute. Il entend sa propre voix en accéléré. Il regarde Marco qui fait l'innocent.)

Vous avez touché à mon appareil.

MARCO : Ah non. Pourquoi, il est cassé ?

(Fulgence ne répond pas et rembobine un peu plus la bande. Il écoute et entend ce que Marco a enregistré en son absence. Il est furieux.)

FULGENCE : Vous avez touché à mon appareil !

MARCO : C'est juste une petite blague sans méchanceté...

FULGENCE : Je ne veux pas savoir de quoi il s'agit monsieur Cagliari. Vous vous êtes permis de toucher mon matériel personnel. Vous avez sans aucun doute effacé des notes de la plus haute importance. J'enregistre depuis cinq ans ce qui se passe au jour le jour, de manière à pouvoir pénétrer mentalement la réalité banale et matérielle et vous m'assaillez, vous saccagez aveuglément mon travail. Je vais vous demander de sortir, monsieur Cagliari.

MARCO : Vous voulez que je prenne une petite pause dehors ?

FULGENCE : Je veux que vous preniez vos pinceaux, votre matériel et que vous sortiez de chez moi pour ne plus y revenir.

MARCO : Faudra quand même que je revienne demain.

FULGENCE : Ni demain, ni jamais.

MARCO : Qui va repeindre les volets ?

FULGENCE : Ils sont très bien comme ça.

MARCO : Ah oui mais mon patron a signé un contrat avec votre propriétaire. On peut pas repeindre tous les volets et laisser les vôtres tout pourris. Faut les comprendre.

FULGENCE : Je préfère que vous partiez.

MARCO : Ils enverront Maurice qui parle football toute la journée ou alors Mirsad, le bosniaque. Il parle pas un mot de français.

FULGENCE : Ce sera parfait !

MARCO : Seulement, on dit qu'il a fui la Bosnie après avoir égorgé une bonne demi-douzaine de personnes. Alors c'est à vous de voir.

FULGENCE : Monsieur Cagliari, puis-je vous confier une chose sans vous offusquer ?

MARCO : Allez-y.

FULGENCE : Monsieur Cagliari, vous êtes quelqu'un d'intelligent, je n'en doute pas, mais, voyez-vous, vous êtes encore loin de pouvoir saisir les principes intellectuels qui me gouvernent. Depuis que vous êtes ici, je fais un effort considérable pour me mettre à votre portée et cependant, j'éprouve l'impression de tenter un dialogue avec une fourmi ! C'est dire à quel point ce dialogue ne me passionne pas. Et, hormis le fait que vous éprouviez ce besoin viscéral, comme tous nos congénères, d'exprimer votre moi profond par des discours stériles, je ne comprends pas très bien l'intérêt que vous prenez à me persécuter de la sorte. Alors ne touchez à rien, ne me parlez pas. En un mot : faites comme si je n'existais pas. Merci !

(Marco se remet au travail, l'air renfrogné. Il ne dit plus un mot. Fulgence sort puis revient sans regarder Marco.)

Je vous ai offusqué, je reconnais que je suis allé trop loin. Vous n'êtes pas une fourmi, c'est évident. Vous n'allez plus me parler ? Vous n'allez pas me faire la tête toute la journée ? *(Un temps.)* On n'a jamais vu un Italien se taire toute une journée. Il n'y avait pas du football hier soir à la télé ?

(Marco ne réagit pas. Fulgence s'approche du peintre et observe le travail.)

Ah, c'est bien peint. C'est un métier, hein ? Faut avoir le coup de main... Veuillez me pardonner. Je me suis emporté. Vous êtes quelqu'un d'intelligent, de sympathique. Je retire ce que j'ai dit. Vous m'entendez ? Je vous prie d'accepter mes excuses... Marco.

MARCO : Vous me demandez de vous excuser ?

FULGENCE : Oui.

MARCO : Vous avez du remords ?

FULGENCE : Oui.

MARCO : Et le remords, c'est un sentiment. Vous voyez que vous pouvez éprouver des sentiments pour autrui. Tête de mule. Y'a moyen d'avoir un petit café, Monsieur le Professeur Caillot ?

FULGENCE : Au point où j'en suis, appelez-moi Fulgence.

MARCO : Fulgence ? C'est votre prénom ça ? Y'en a plus des prénoms comme ça. En tout cas, ça court pas les rues.

FULGENCE : Non, c'est le cas de le dire.

MARCO : Pourquoi ils vous ont appelé comme ça vos parents ?

FULGENCE : Je ne sais pas. Je ne les ai pas connus.

MARCO : Un enfant de la DASS ? J'ai toujours eu une affection particulière pour les orphelins. Faut dire que mon père est mort, j'avais huit ans. Il en a vu des choses, mon père. Quand il était gamin, il vivait dans la rue vu que son père à lui était malfrat et que sa mère faisait le tapin. A dix-sept ans, il combattait au Monte-Cassino, à vingt-deux, il quittait Turin pour Nogent, il a eu douze enfants dont je suis le dernier et il a toujours été fidèle à ma mère. Il croyait en Dieu, en la vierge et il s'est fait renverser par un camion alors qu'il allait au boulot en vélo comme tous les jours. Il avait quarante-cinq ans et j'étais à ses côtés. Vous savez ce qu'il m'a dit avant de mourir ? Il m'a dit : "Va Marco ! Vis tout ce qui est à vivre. Te pose pas de questions. La réponse, tu l'auras toujours bien assez tôt."

FULGENCE : C'était un sage.

MARCO : Plus que ça. C'était un saint. Il vous aurait plu. Il parlait peu. Mais il parlait bien. Toujours la main sur le cœur. Il aurait suffit que je dise : "Tiens Padre, voilà Fulgence, un ami." Et vous étiez accueilli comme un roi mage. Pasta di Napoli et tutti quanti. Pis c'était un solitaire lui aussi. Il aimait pas trop le monde.

FULGENCE : Un sage.

39

MARCO : Il disait que plus on est nombreux, plus on dit de conneries.

FULGENCE : Un grand sage.

MARCO : Et oui, c'est toujours les meilleurs qui partent en premier. Et vous ?

FULGENCE : Moi quoi ?

MARCO : Vous avez passé votre enfance à la DASS ?

FULGENCE : Non. J'ai été adopté par un monastère.

MARCO : Pardon ?

FULGENCE : Mon oncle et tuteur était moine. J'ai donc grandi au monastère.

MARCO : Avec des moines ?

FULGENCE : Naturellement.

MARCO : Vous êtes moine ?

FULGENCE : Non, je ne suis pas moine.

MARCO : C'est incroyable ça ! Et ça vous a pas laissé des...

FULGENCE : Que voulez-vous dire ?

MARCO : Des séquelles ?

FULGENCE : Des séquelles ? Non.

MARCO : C'est incroyable, ça. Et vous croyez en Dieu alors ?

FULGENCE : Non. Je ne crois pas en Dieu.

MARCO : Vous croyez pas en Dieu ? Vous, un demi-moine !

FULGENCE : Je ne suis ni moine, ni demi-moine, je suis laïque et athée.

MARCO : Souhait ! A tes souhaits. Et ben, y'a de ces histoires parfois...

FULGENCE : Vous auriez vraiment dit à votre père que j'étais votre ami.

MARCO : Ben oui. Je lui aurais pas dit : "Va chercher la chevrotine on va lui faire pisser le sang."

FULGENCE : Comment pouvez-vous parler d'amitié ? On ne se connaît que depuis quelques heures.

MARCO : Si j'attends de connaître votre numéro de sécurité sociale, on est pas arrivés.

FULGENCE : Mais... l'amitié, ça se construit au fil des années, non ?

MARCO : Bien sûr, elle se renforce. Mais faut bien la démarrer un jour.

FULGENCE : Et vous êtes ami avec tous les gens à qui vous peignez les volets ?

MARCO : Quand même pas. Ça c'est une question de feeling. D'ailleurs, ça arrive pas souvent.

FULGENCE : Mais alors... pourquoi moi ?

MARCO : Ça, c'est le mystère mon bon Fulgence. C'est un bon sujet à philosopher. Quand j'ai vu Charly la première fois, on a rigolé comme des bossus. Ça a été instantané et depuis ce temps-là on est copains comme cochons. Je crois que si l'amitié est pas instantanée, ça restera jamais que du bon voisinage.

FULGENCE : Vous n'avez pas l'impression d'agir avant de réfléchir ?

MARCO : Je suis pas complètement idiot non plus. Mais je crois que si on attend de comprendre les choses pour les faire, on fait jamais rien. Tenez, ma femme pour n'en citer qu'une, je lui ai fais quatre enfants dont l'aîné entre au lycée. Je l'ai épousée, on était à peine sevrés. Ben si j'avais dû réfléchir, avec le caractère qu'elle a, j'aurais peut-être jamais signé. Ben pourtant je regrette rien et quand je vois la petite dernière avec du chocolat plein les doigts et un sourire à vous dérider un croque-mort, je regrette vraiment rien.

(Fulgence sourit vaguement. Tout à coup, il est pris d'une violente douleur à l'estomac.)

Qu'est-ce qui se passe ?

FULGENCE : Rien.

MARCO : C'est pas rien. C'est l'ulcère qui se prépare, ça ! Faites gaffe, ça se surveille ces choses-là.

FULGENCE : Vous me perturbez... je n'ai pas parlé comme ça depuis longtemps. Je ne me lie pas facilement d'amitié. Je n'ai jamais su m'intéresser à autre chose qu'à la philosophie ou aux sciences. J'ai été bercé tout petit dans l'amour des études. Je n'ai pas connu le contact charnel et tendre d'une mère. C'est le frère hôtelier qui me donnait le biberon et le frère cellérier qui me langeait. Quand j'ai perdu mes premières dents de lait, c'est le prieur en personne qui a fait la petite souris. Tout ce qui relève de l'affectif ne me touche pas. Je n'y vois aucune utilité, aucune issue possible pour la pensée. Ce n'est qu'en se détachant des passions que l'on peut espérer trouver un jour la Vérité.

42

MARCO : Vous savez ce que c'est votre problème, Fulgence ? C'est pas de parler qui vous manque. C'est d'écouter.

FULGENCE : Ah, je n'écoute pas ? Et je fais quoi depuis tout à l'heure ? Et quand je sors, les rares fois où je mets le nez dehors, il y a toujours la femme du concierge, l'employé de la banque ou un hurluberlu quelconque pour me raconter sa vie. Alors permettez-moi de vous dire que je suis plus un auditeur qu'un bavard.

MARCO : Vous entendez. Ça ! Vous entendez. Mais vous n'é-coutez pas. C'est différent.

FULGENCE : Ah oui ?

MARCO : Ben oui. Vous pouvez entendre sans écouter mais vous ne pouvez pas écouter sans entendre. Pour écouter, faut faire un effort.

FULGENCE : On peut penser sans en prendre conscience mais on ne peut pas prendre conscience sans penser. Intéressant.

MARCO : Ça y est, vous détournez le sujet.

FULGENCE : Pas du tout, je le poursuis.

MARCO : Vous pensez, comme vous dites, mais vous ne pensez qu'à ce que vous voulez penser. Vous ne pensez qu'à vous.

FULGENCE : Mais j'y suis obligé. Je vous l'ai dit, je ne dois pas me laisser parasiter.

MARCO : Vous êtes un sacré égoïste !

FULGENCE : Comme vous. Je ne vous ai rien demandé moi. J'étais tranquille chez moi et vous débarquez avec vos réponses toutes faites, vous ébranlez le fragile équilibre de mon quotidien, vous envahissez mon espace, mon temps, vous troublez ma méditation. Vous m'assassinez ! Et tout cela sans vous en excuser le moins du monde.

MARCO : *(très en colère)* Comment ? Je devrais m'excuser de repeindre vos volets ? Faudrait que je m'excuse de travailler ? Non mais on est où là ! On est au vingt-et-unième siècle, pas en dix-huit cent cinquante. Le temps des gentils ouvriers qui s'excusent de vivre, c'est terminé. Faut bien se mettre ça dans le crâne. Est-ce que vous comprenez seulement ce que veut dire lutte des classes ? Vous êtes tellement embrumé par vos réflexions à deux francs. Vous comprenez ? Vous comprenez ce que je dis ?

FULGENCE : *(un peu effrayé)* Oui.

MARCO : Oui quoi ?

FULGENCE : Oui monsieur.

MARCO : Vous me dites oui mais vous ne comprenez rien parce que vous êtes à dix mille lieues de la réalité et vous prétendez nous expliquer la vie, le monde, dieu et le petit jésus. Foutaises ! Vous entravez que dalle !

FULGENCE : Mes réflexions valent plus que deux francs. Sans les philosophes, mon cher, vous en seriez encore à peindre les murs des cavernes, manger du bison cru et vous faire courser par des meutes de loup.

MARCO : Ah parce que finalement, vous êtes pas trop sûr de l'utilité de votre boulot ?

FULGENCE : Mais si.

MARCO : Mais non puisque vous vous sentez obligé de vous justifier. Primo, je préférerais dessiner un beau mammouth en couleurs que de retaper les volets, deuxio, j'aime bien le steak tartare et troisio, les loups, c'est pas ce qui manque de nos jours. Je dirais même qu'ils sont plus nombreux et qu'ils courent plus vite qu'avant parce que c'est même pas la peine d'essayer de leur échapper.

FULGENCE : Il n'y a pas que ça...

MARCO : Quatro !... Quatro, il est 18 h 30, ma journée est terminée alors bonne soirée et à demain, m'sieur Fulgence. Gambergez bien ce soir, et on verra si grâce à vos réflexions supérieurement intelligentes, vos volets auront pris une couche de plus dans la nuit. Alchimiste !

(Marco s'en va. Fulgence reste seul, à ruminer.)

FULGENCE : Et la démocratie, monsieur "je sais tout", la démocratie. Elle existait à Lascaux ?

(Fulgence sort. La lumière baisse hormis une petite lampe sur l'étagère à Jardin. Pendant la nuit ; Fulgence revient, cherche un livre et parle à son dictaphone.)

1er juin. 1 h 30. Je n'arrive pas à dormir. Je vais relire "la République" de Platon pour me détendre.

(Il sort. La lumière revient plein feu. C'est le matin. Fulgence rentre avec un plateau, deux tasses et une cafetière. Le téléphone sonne.)

Allô ?... Oui... Comment ça, il est malade ? Mais il allait bien hier soir... Vous voulez m'envoyer qui ?... Il n'en est pas question. J'ai mis quatre heures à dompter l'animal et vous voulez m'en envoyer un autre tout frais ? Je veux que ce soit Marc... monsieur Cagliari ou personne... J'attendrai qu'il aille mieux... je préfère que ce soit lui, c'est tout... mes respects ! *(Il raccroche violemment.)*

45

FULGENCE : *(Au dictaphone.)* 1ᵉʳ juin. 9 h 03. Marco Cagliari a une angine... C'est fâcheux. *(Il éteint le dictaphone. On sonne à la porte.)* Qu'est-ce que c'est ?

MARCO : C'est moi !

FULGENCE : *(joyeux)* Ah c'est vous ! *(Se reprenant.)* Vous êtes en retard.

MARCO : Excusez-moi, j'ai failli pas venir.

FULGENCE : Oui je sais, vous êtes malade. Votre patron m'a appelé. *(Silence.)* Je vous ai préparé un café. A moins que vous ne préfériez du lait avec du miel ? C'est bon pour la gorge. Je vous sers le café. Un sucre ? Deux ? J'ai des sucrettes, si vous voulez. Tenez ! C'est agaçant de ne pas avoir de réponse, je ne sais pas si vous vous rendez compte. Puisque vous optez pour le mutisme, laissez moi vous dire une chose à propos de vos remarques désobligeantes d'hier. Sans les peintres de votre genre, il est vrai que les volets seraient plus ternes. Cela ne m'empêcherait pas de dormir. En revanche, s'il n'existait pas des penseurs tels que moi, dans quelle société barbare et sanguinaire vivrions-nous ! Démocrite a su nous débarrasser de l'emprise carcérale des dieux antiques. Platon a su donner à la pensée une valeur idéale. Tous les philosophes ont apporté leur pierre, comme de vaillants maçons, à l'édifice de la liberté et du progrès. Sans ces hommes qui ont pensé puis reconsidéré les bases mêmes de notre organisation sociale, vous et vos semblables en seriez encore à tirer les charrues sous le fouet de vos maîtres au lieu de jouer au bowling avec vos camarades sans vous soucier autrement de la nature de votre liberté.

MARCO : Démocrite n'a jamais dit qu'il ne croyait pas en Dieu.

FULGENCE : Ah parce que vous connaissez Démocrite ?

MARCO : Ça se pourrait.

FULGENCE : Et comment connaissez-vous Démocrite ?

MARCO : J'ai lu un livre sur les philosophes de l'antiquité.

FULGENCE : Un ouvrage de vulgarisation. Vous lisez beaucoup ?

MARCO : Ça m'arrive. Pourquoi, c'est interdit ?

FULGENCE : Vous êtes décidément plein de surprises.

MARCO : Et oui, c'est pour ça que vous m'appréciez.

FULGENCE : Je n'ai pas dit que je vous appréciais.

MARCO : Menteur. C'est du propre ! Egoïste et menteur.

FULGENCE : Menteur ? Moi ? Un chercheur infatigable de la Vérité ?

MARCO : Rechercher la grande vérité n'empêche pas les petits mensonges. Vous étiez bien content que ce soit moi qui vienne aujourd'hui. Vous avez eu rudement peur que je sois malade. Et vous voulez que je vous dise pourquoi ? Parce que ça vous plaît bien qu'on discute tous les deux. Ça vous arrive pas tous les jours de croiser quelqu'un qui s'intéresse à vos élucubrations et même si je suis pas aussi cultivé que vous et que vous me prenez pour un demeuré, ça vous fait pas de mal de confronter vos idées avec les miennes. Et c'est normal, Fulgence. C'est humain. Si vous étiez seul sur terre, comme vous en rêvez, je suis sûr qu'au bout d'un certain temps vous seriez capable d'aller causer aux corbeaux. Vous savez pourquoi ? Parce que c'est dans la nature humaine de parler à quelqu'un.

FULGENCE : D'une part, le propre du philosophe n'est pas de se limiter aux penchants naturels et, d'autre part, ce qui représente pour vous une conversation n'évoque pour moi que ces jacasseries qui préoccupent si couramment les esprits les plus poussifs.

MARCO : C'est sûr, vous avez le don d'alambiquer les phrases. Mais en fin de compte, vous êtes ni plus ni moins qu'un jacasseur de haute volée. Un amateur de joutes... euh... de la parole...

FULGENCE : Plutôt que de chercher à toujours avoir le dernier mot, vous feriez peut-être mieux de chercher le mot juste. Ces joutes oratoires, comme vous semblez tenter de les définir, ne m'amusent pas. Je vous l'ai déjà dit. Cela n'a rien de personnel, croyez-le bien. Cependant, je n'ai rien à vous dire.

MARCO : Vous parlez beaucoup pour quelqu'un qui n'a rien à dire. Ça me rappelle ma sœur, pour n'en citer qu'une. Elle a pas son pareil pour raconter sa vie quand personne ne lui demande rien. Par contre, quand il s'agit de régler des problèmes importants, c'est la politique de l'autruche. La tête dans la casserole, direct !

FULGENCE : Justement, j'en connais qui m'attendent en cuisine. Vous m'excuserez ?

MARCO : Rien de tel qu'une bonne vaisselle pour se vider l'esprit.

FULGENCE : Il m'en faudrait plus.

MARCO : Demandez aux voisins si vous pouvez faire la leur.

(Fulgence s'empare du plateau et de la cafetière et s'apprête à sortir. Marco l'interpelle et se plante devant lui. Il observe le philosophe d'un air intrigué.)

Williams !

FULGENCE : Qui ça ?

MARCO : Williams, mentholé pour peaux sèches. Je me suis dit en entrant : je connais cet après-rasage. Vous pensez ! J'ai utilisé le même pendant des années.

FULGENCE : Vous cherchez quoi ? Des similitudes ? Vous pensez que c'est un bon début et qu'en creusant un peu, on pourrait presque se trouver des cousins en commun ?

MARCO : Non, mais ce que je veux dire, c'est qu'on a choisi le même produit et que quelque part, on a les mêmes goûts.

FULGENCE : Et alors ?

MARCO : Et alors, si on a les mêmes goûts, c'est qu'on aime les mêmes choses et si on aime les mêmes choses, on ne peut pas éviter le dialogue.

FULGENCE : Mais de quoi me parlez-vous ?

MARCO : Je vous parle de ce qui vous empêche de vous détendre un peu et de tailler le bout de gras sans vous prendre systématiquement pour la référence.

FULGENCE : Moi ? Je me prends pour une référence ? C'est vous qui manquez de repère mon pauvre. Si vous avez besoin de vous faire de nouveaux amis, allez donc à votre club de bowling, je suis sûr qu'il y en a à profusion. Quant à moi, je n'ai que faire de vos théories ridicules sur la mousse à raser. Si votre travail se fait en bavardant, le mien mérite le silence et la réflexion. Je pense être suffisamment clair.

MARCO : C'est marrant ! Il y a plus de connaissances dans votre crâne que de marrons dans le cul de la dinde de Noël et pourtant vous pigez pas le B.A.-BA.

FULGENCE : Je ne doute pas que vous compreniez des

choses que je ne comprendrais jamais, monsieur Cagliari. Et loin de moi l'idée d'entrer en compétition avec vous dans quelque domaine que ce soit. Simplement, nos spéculations intellectuelles ne naviguent pas dans les mêmes eaux. Comment vous dire... si vous étiez un brochet, je serais un oursin. A-t-on déjà observé un brochet et un oursin discuter sur un banc de corail ? Non.

MARCO : Et bien ils ont tort ! Vous savez ce que je crois ? C'est que la philosophie, c'est pire que la prison, parce qu'en prison, au moins, ils ont la télé.

FULGENCE : Je voudrais vous demander une chose.

MARCO : Moi aussi.

(Fulgence va reposer le plateau. Pendant ce temps, Marco sort furtivement un papier de sa poche et le lit discrètement et brièvement. Il semble apprendre quelque chose par cœur. Il remet le papier dans sa poche.)

FULGENCE : Très bien. Posons nous une question chacun, et ensuite, vous me promettez de me laisser en paix.

MARCO : Promis.

FULGENCE : Pouvez-vous me donner... vous êtes concentré ?

MARCO : Oui, oui.

FULGENCE : Pouvez-vous me donner une estimation approximative à cinq minutes près, du temps qu'il vous faudra pour achever ce travail que vous êtes venu accomplir chez moi ?

MARCO : Ah, ça c'est facile. Je m'attendais à un truc plus... tarabiscoté. Je dirais... une bonne heure.

FULGENCE : Une bonne heure.

MARCO : A moi ! Pouvez-vous me dire... vous êtes concentré ?

FULGENCE : J'essaye.

MARCO : Pouvez-vous me dire si la culture donne un pouvoir ?

FULGENCE : Pourquoi vous me demandez ça ?

MARCO : Ah ! Ça fait deux questions. J'ai droit à une autre, moi aussi.

FULGENCE : Non, non. Très bien. Je ne veux même pas savoir ce qui peut motiver chez vous une question pareille. De toute façon, j'ai compris votre petit jeu. Vous cherchez à me faire perdre mon temps. Vous avez décidé en entrant ici d'y semer le désordre et la confusion. Mais votre travail de sape n'aboutira pas car je n'ai jamais cédé au terrorisme.

MARCO : Alors ? Oui ou non ?

FULGENCE : Quoi : oui ou non ?

MARCO : La culture... ça donne un pouvoir ?

FULGENCE : A voir ma difficulté à me faire respecter, la réponse coule de source.

MARCO : Alors c'est non ?

FULGENCE : Ne vous acharnez pas, je vous en conjure.

MARCO : Je vous demande juste si c'est oui ou non. C'est pas la mer à boire.

FULGENCE : Ce genre de question ne se contente pas d'une réponse binaire. Elle demande un développement.

MARCO : Je suis tout ouï.

FULGENCE : Je refuse, vous entendez, je refuse. De toute manière, le pouvoir de la culture est pluriel et... non, je refuse de répondre à un interrogatoire en règle qui prendra plus de temps que de peindre mes volets. Faire un compromis avec vous revient à se compromettre avec l'oisiveté et ça jamais !

MARCO : Dites plutôt que vous avez peur de ne pas savoir.

FULGENCE : Pour une fois, vous n'imaginez pas combien je vous donne raison. *(Il reprend son plateau et va pour sortir.)*

MARCO : Je ne sais pas ce que je vais pouvoir lui dire. Elle va être déçue, c'est évident mais bon, à quinze ans, c'est pas trop tôt pour apprendre la déception.

(Fulgence s'est arrêté pour écouter.)

Elle qui s'est emmerdée à écrire quatre pages, quand je lui dirai qu'un beau "non" bien écrit en lettres majuscules aurait suffit, elle voudra plus aller en cours, c'est sûr. Me voilà bien. C'est déjà pas facile de leur faire comprendre l'utilité de l'école alors si les pontes des universités brossent dans le sens du poil, c'est la Berezina.

FULGENCE : Mais de quoi parlez-vous ?

MARCO : Ma fille doit rendre sa première rédaction de philosophie. Le sujet c'est : La culture donne-t-elle un pouvoir ? Je me disais qu'une éminence comme vous aurait pu lui refiler un tuyau ou deux...

FULGENCE : Ne confondez pas philosophie et plomberie. Votre fille est sûrement aussi intelligente que son père. Elle n'a pas besoin de tuyaux.

MARCO : C'est sûr qu'elle est dégourdie ma grande. Elle a pas les deux pieds dans le même sabot. Mais bon, d'après ce que j'ai pu comprendre, la philosophie, ça s'improvise pas et vu que c'est un peu, comme qui dirait, votre gagne-pain, vous auriez pu jeter un petit coup d'œil, sans vous commander...

(Marco a sorti la copie de sa fille et la tient à la main. Les deux hommes se regardent un instant puis Fulgence sort sans un mot. Marco remet la copie de sa fille dans sa poche et retourne à son volet, un peu dépité. Fulgence revient, s'assoit dans son fauteuil, puis après un temps :)

FULGENCE : Donnez.

(Marco sort la copie et la donne prestement à Fulgence.)

MARCO : Merci, Fulgence. C'est vraiment sympa.

FULGENCE : Juste un œil.

MARCO : Oui, oui, je sais. L'autre est sur la montre.

(Fulgence lit. Marco lit par-dessus son épaule.)

Faites pas attention à son écriture, elle écrit comme un cochon. Ceci dit, c'est pas con ce qu'elle écrit. Enfin, moi, je trouve. Non ?

FULGENCE : Je peux lire en silence ?

MARCO : Oui, bien sûr. Prenez votre temps.

(Fulgence tourne la première page.)

Vous avez déjà lu la première page ? On voit que vous avez l'habitude. Hein ? Quand je pense que j'ai toujours pas terminé la biographie de Mike Brandt. Vous lisez combien de livres par jour ?

FULGENCE : Comment voulez-vous que je me concentre ?

MARCO : Ah oui, pardon. Je suppose que vous avez écrit plus de livres que je n'en ai lus. Non ?

FULGENCE : C'est possible. *(Il fait une petite moue de désapprobation.)*

MARCO : C'est pas bon ? il y a des fautes ?

FULGENCE : Une petite maladresse sans gravité.

MARCO : Ça, c'est tout Gina, la maladresse ! Il peut pas se passer une semaine sans qu'elle casse quelque chose à la maison. *(Fulgence émet un léger sourire et un petit rire étouffé.)* Avouez que c'est quand même pas évident de faire de l'humour sur un sujet pareil.

FULGENCE : Elle parvient à citer Sade...

MARCO : La chanteuse ?

FULGENCE : Le marquis. Elle montre une certaine audace mais ça ne manque pas de pertinence.

MARCO : Elle connaît tous les philosophes. Elle me dépasse, la môme.

FULGENCE : Sade n'était pas philosophe. C'était un auteur dont les œuvres dénotent un érotisme puissant.

MARCO : Pardon ?

FULGENCE : Cette femme écrivait des histoires de fesses.

MARCO : C'est pas possible. Ma fille n'a pas pu lire ça. Il n'y a pas de ça à la maison...

FULGENCE : Si elle la cite, c'est qu'elle l'a lue.

MARCO : Mais où ? Et comment ? Et avec qui ? Et d'abord pourquoi elle parle de cochonneries quand on lui demande de parler de culture et de pouvoir ?

FULGENCE : Justement. Votre fille fait preuve d'une certaine intuition. Le pouvoir transcende les pulsions tandis que la culture les réglemente.

MARCO : Vous, vous êtes cultivé comme un champ de laboure et vous ne m'avez pas l'air d'un forcené de la bagatelle.

FULGENCE : Je n'ai plus quinze ans et je suis bien au-dessus de ça. Je peux continuer ?

MARCO : Faut que je la surveille la gosse. Elle serait bien capable d'aller se frotter aux gaziers sans m'en parler.

(Fulgence referme la copie.)

FULGENCE : C'est bien. C'est très bien. Si elle évacue certaines références hasardeuses et qu'elle renforce l'argumentation de son antithèse, elle peut espérer une bonne note.

MARCO : Renforcer ?...

FULGENCE : Eviter les assertions et s'en remettre au plan général de son propos.

MARCO : Vaudrait peut-être mieux que vous lui disiez vous-même.

FULGENCE : Non. Ce n'est pas une bonne idée. Je coucherai mes remarques par écrit et je vous les enverrai.

(Fulgence tend la copie à Marco et se rassoit. Marco remet la copie dans sa poche et retourne au travail.)

MARCO : Bon, merci quand même. Je lui dirai tout ça. Renforcer sa... prothèse... En tout cas, c'est vraiment gentil à vous d'avoir plancher là-dessus.

FULGENCE : Ce n'est rien. Le plaisir fut pour moi.

MARCO : Finalement, j'avais pas tort.

FULGENCE : A quel sujet ?

MARCO : Ça vous a fait plaisir que je sois revenu aujourd'hui.

FULGENCE : Je ne vois vraiment pas ce qui peut vous laisser croire une chose pareille.

MARCO : Vous avez dit que vous ne vouliez personne d'autre que moi pour repeindre vos volets... ce matin... au téléphone.

FULGENCE : Vous avez écouté ma conversation avec votre patron ?

MARCO : C'était pas mon patron, c'était moi.

FULGENCE : Qu'est-ce que vous me racontez ? J'aurais reconnu votre voix.

(Marco imite la voix de son patron.)

MARCO : Bonjour monsieur Caillot. Monsieur Cagliari ne viendra pas aujourd'hui. Il est malade.

FULGENCE : Vous m'avez bluffé ! Vous m'avez dupé ! C'est un scandale... scandaleux ! *(Il prend son dictaphone.)* Trahison ! Je suis trahi ! J'ai été piégé ce 1er juin à...

MARCO : 9 h 20.

FULGENCE : 22 ! Tout est fichu. C'est la reddition sans condition. Quand je pense que la démocratie repose sur des gens comme vous, cela me désespère de croire encore en l'avenir de l'humanité. Vous n'êtes qu'un traître, vos méthodes sont fallacieuses et dignes des régimes totalitaires ; vous n'êtes qu'un barbare. Vous piétinez les travaux de Montaigne, Montesquieu, Voltaire et Rousseau avec la même brutalité que vos aïeux.

(Marco prend le dictaphone des mains de Fulgence. Ils parlent en même temps.)

FULGENCE : Vous n'avez pas le droit. J'en appelle à la Déclaration des Droits de l'Homme, aux Conventions de Genève, de Dublin, aux principes des Nations Unies : Le recours à la violence est proscrit par les lois internationales.

MARCO :
Ecoute-moi bien, bidule, tu vas expliquer à notre ami Fulgence que le chemin le plus court est toujours la ligne droite et qu'il n'est jamais mauvais d'élargir le cercle de ses amis. *(Il rend l'appareil à Fulgence, l'écoute un peu et chante en se moquant.)* Lachate mi cantare ! Con la guitar a mano, lachate mi cantare, cantare mi amor ! *(Il écoute encore puis se met à chanter plus fort.)* Madamina, il catalogo è questo,
delle belle chè amo il padron mio,
un catalogo egli è che ho fatt'io,
osservate, legete con me *(bis)*

FULGENCE :
Vous n'avez aucun respect pour l'histoire de notre civilisation d'ailleurs si elle court à sa perte, c'est à cause de gens comme vous. Vous n'avez aucun sens des relations humaines. Vous ne connaissez que les rapports de force. La guerre ! Voilà votre ultime argument. Sorti de là, vous êtes incapable de montrer la moindre civilité. Vous réduisez à néant Anaximandre, Aristote.
Vous suicidez Socrate, vous ne méritez que la cruauté naturelle à laquelle vous êtes attaché comme le fruit à son arbre.

FULGENCE : Mais... C'est Don Giovanni que vous chantez ?

(Marco regarde Fulgence d'un air hautain mais perplexe.)

FULGENCE : Continuez, continuez, j'adore ce passage.

(Marco chante à nouveau et s'avère un bon chanteur. Fulgence se laisse entraîner et l'accompagne timidement.)

Bravo, bravissimo. Vous auriez pu être chanteur d'opéra, Marco.

MARCO : Comment vous avez dit que ça s'appelait ?

FULGENCE : Vous ne savez pas ce que vous chantez ?

MARCO : Si, mais je ne me souviens pas.

FULGENCE : C'est Don Giovanni de Wolfgang Amadeus Mozart.

MARCO : Ah ben oui, Mozart, évidemment !

FULGENCE : Acte I lorsque Leporello, le valet de Don Giovanni, dresse la liste des conquêtes amoureuses de son maître à la pauvre Donna Elvira.

(Fulgence fait démarrer le tourne-disque. On entend Don Giovanni.)

C'est magnifique, n'est-ce pas ?

MARCO : Ah ben oui. Si c'est Mozart, c'est sûr.

FULGENCE : Vous connaissez d'autres morceaux de Mozart ?

MARCO : Je sais pas.

FULGENCE : Ecoutez cela.

(On entend la symphonie 25 en Sol mineur K183.)

MARCO : Ah oui je connais.

FULGENCE : Sol mineur.

MARCO : Ah bon.

FULGENCE : Magnifique, non ? Et ça ?

(Il met une autre plage. La marche en Ut majeur.)

Mozart, encore Mozart, toujours Mozart.

MARCO : Ah, il a fait des tubes, de son temps. Bon, ben moi, je vais y aller.

FULGENCE : Vous partez déjà ? Il n'est même pas 11 heures !

MARCO : J'ai fini.

FULGENCE : Vous ne viendrez pas demain ?

MARCO : Ben non puisque j'ai fini. Je vais pas peindre les volets pour le plaisir.

FULGENCE : Marco ?

MARCO : Quoi ?

FULGENCE : Vous ne voudriez pas revenir un de ces jours ?

MARCO : Pour peindre quoi ?

FULGENCE : Rien. Pour parler simplement.

(Marco hésite puis :)

MARCO : Pour parler ? Je suis peintre en bâtiment moi, monsieur Caillot. Je ne pense pas que ma conversation soit très passionnante pour vous.

(Marco range son matériel pendant que Fulgence lui parle.)

FULGENCE : Mais pas du tout, vous avez tort. Je suis désolé de tout ce que j'ai pu vous dire, Marco. Je suis un éternel insatisfait, une vieille carne imbue de sa culture. Seulement depuis hier, je me rends compte que l'essentiel n'est pas de penser mais d'être conscient de ce que l'on est... et de ce que l'on a. Vous m'avez renvoyé une image de moi-même qui me faisait peur. J'ai l'ignorance en horreur. Mais je savais qu'un jour ou l'autre, je devrais me regarder en face.

MARCO : Vous admettez que vous n'êtes pas plus intelligent qu'un autre ?

FULGENCE : Ah non, quand même pas.

MARCO : Au revoir Fulgence.

FULGENCE : Si, si, je suis un idiot, un imbécile. Je ne vaux guère mieux que le premier venu.

MARCO : Vous faites quoi samedi ?

FULGENCE : Je vais voir sur mon agenda.

MARCO : Arrêtez vos salades Fulgence. Je sais que vous êtes libre samedi. Je passerai vous chercher vers 11 heures. On fait un barbecue à la maison. Vous verrez ma femme et mes gosses comme ça. Les gamins, il y a rien de tel pour vous refoutre les pieds sur terre.

FULGENCE : Oui mais...

MARCO : Samedi, 11 heures ! Soyez à l'heure sinon ma femme vous sonnera les cloches ! Et amenez vos disques de Mozart, si vous voulez.

FULGENCE : Je veux bien...

MARCO : Sans vouloir vous commander...

FULGENCE : Mais ce sont des 33 tours...

MARCO : Et ben, c'est pas grave. On ira chercher le phono de la grand-mère dans le grenier. Allez, à samedi.

(Marco tend la main à Fulgence qui la saisit lentement.)

FULGENCE : Je peux venir avec des potes ?

MARCO : Pardon ?

FULGENCE : C'est de l'humour.

(Marco reste un instant interdit.)

MARCO : A samedi, Fulgence.

(Marco sort. Fulgence se retrouve seul. Il réfléchit quelques secondes et prend son dictaphone.)

FULGENCE : *(au dictaphone)* 1er juin. 10 h 58. Mon travail est terminé. Je prévois prochainement un petit écart à mon régime "légume vert". Je suis invité samedi à un barbecue chez les Cagliari. *(Il marque un temps.)* J'espère qu'ils ne feront pas de sardines. J'ai horreur de l'odeur du poisson grillé.

(Il éteint son dictaphone et le repose.)

Ça n'a pas été facile mais j'ai fini par dompter l'animal.

(Il pose son dictaphone et croise les doigts. Peu à peu, un sourire illumine son visage. Il boit une tasse de thé. Puis il chante.)

Lachate mi cantere, con la guitar a mano...

FIN

AVIS IMPORTANT

Cette pièce de théâtre fait partie du répertoire de la Société des Auteurs et Compositeurs Dramatiques, 11 bis rue Ballu 75442 PARIS Cedex 09. Tél. : 01 40 23 44 44. Elle ne peut donc être jouée sans l'autorisation de cette société.

Nous conseillons d'en faire la demande avant de commencer les répétitions.

ATTENTION

Aux termes du Code de la propriété intellectuelle, toute reproduction ou représentation, intégrale ou partielle de la présente publication, faite par quelque procédé que ce soit (reprographie, microfilmage, scannérisation, numérisation...) sans le consentement de l'éditeur est illicite (article L. 122-4 du Code de la propriété intellectuelle) et constitue une contrefaçon sanctionnée par les articles L. 335-2 et suivants du même Code.

Imprimé à la demande par Books On Demand GmbH, Bad Hersfeld, Allemagne

Première édition, dépôt légal : septembre 2000
N° d'édition : 998001
ISBN : 2-84422-178-5